JN438370

행복 모자이크

국립중앙도서관 출판시도서목록(CIP)

행복 모자이크 : 김기원 시집 = Kim Kiwon poetry / 지은
이: 김기원. -- 대전 : 오늘의 문학사, 2013
p. ;   cm. -- (문학사랑 시인선 ; 24)

ISBN 978-89-5669-568-6 03810 : ₩10000

한국 현대시[韓國 現代詩]

811.7-KDC5
895.715-DDC21   CIP2013017486

행복 모자이크

김기원 시집

오늘의문학사

◆서문◆

행복을 모자이크하며

행복은 매번 똑같은 실험결과가 나오는
과학이 아니랍니다.

행복은 어떤 일의 결과물이 아니라
과정에서 느껴지는 소소한 감성들의 결합체이지요.

행복은 한 번 오면 떠나지 않는 텃새가 아니라
상황과 여건에 따라 오고 가는 철새랍니다.

누구나 행복하기를 원하고
보물찾기 하듯 행복을 잡으려 안간힘을 쓰지만
행복은 쉽게 모습을 드러내지 않지요.

가족과 연인, 건강과 취미, 돈과 명예가
각각 행복의 필요조건이긴 하지만
충분조건은 아니라는 것을 압니다.

이 세상에 행복의 필요충분조건을
모두 갖춘 사람은 한 분도 없지요.

'나는 행복 합니다'라고 긍정하며
끊임없이 행복모자이크를 하는
행복한 사람이 있을 뿐

부끄럽고 쑥스럽기도 합니다만
이렇듯 행복을 모자이크한 시들로
두 번째 시집을 상재합니다.

제 작은 시어들이
님의 가슴에 스며드는
행복바이러스가 되기를 소망하며.

2013년 단풍고운 가을날

차례

3부 애기꽃

4부 불꽃놀이

5부 탁구를 치며

6부 별에게

1부

웃는 부처

웃는 부처

산사에
강도가 들었네

조석으로 불공드리는
주지스님을
꽁꽁 묶어 놓고
시주함을
몽땅 털고 있는데

부처님은
어쩌자고
빙그레 웃으시는가

어디에 있나요

큰 성당
작은 성당
잘도 들어서는데

이런 교회
저런 교회
잘도 세워지는 데

멋진 절
희한한 절
잘도 지어지는데

마구간에 나신 예수님
왕관을 버리신 부처님

당신의 집은
정녕 어디에 있나요

숨바꼭질

승객을 가득 태운 비행기가
고층건물에 돌진하고
순식간에
사람도 비행기도 고층건물도
한줌의 재로 변해버리는
지상최대의 서커스를 봅니다

도둑고양이 한 마리 잡기 위해
한 나라가 쑥밭이 되고
지도자를 잘못 둔 국민들은
처참한 댓가를 치루는 데

전지전능한 알라신과
평화를 외치는 미 제국주의가
총 칼을 손에 들고
숨바꼭질을 합니다

빛바랜 일기장

'짧고 굵게 살자'

내 푸른 시절
빛바랜 일기장에
비문처럼 졸고 있는
옛 맹세

지천명의 손길로
조심조심 탁본을 떠
무심히 펼쳐보니

어라
흐린 눈에 또렷한
영인본 하나

'가늘어도 길게 살자'

어느 가을

예전에는
가을이 짧다고
원망을 했지요

오색단풍의 자태도
코스모스의 흔들림도
능금이 빨갛게 익어감도

금년에는
아직도 가을이어서
행복하다는
아득한 그녀의
독백에 취해

가을 햇살을
온 몸으로 받으며
불청객 태풍마저
사랑하기로 했지요

어떤 사랑

여유가 많아서
한가해서
사랑한 게 아니다

그저 좋아서
축복 같아서
사랑한 것이다

화려해서
흠결이 없어서
사랑한 게 아니다

소박해서
옹이진 삶조차 좋아서
사랑한 것이다

덕을 보려고
귀찮게 하려고
사랑한 게 아니다

가진 것 주고 싶어
그대 비타민이 되고 싶어
그리 사랑한 것이다

손톱을 깎으며

아무리 잘난 사람도
오른손이 오른 손톱을
왼손이 왼 손톱을
깎을 수 없어

왼손과 오른손이
사이좋게
서로 깎아주고
다듬어줘야 해

잡초처럼
뽑아내도 올라오는
헛된 욕심과 허물도
그렇게 솎아내야지

나는 너의 거울이 되고
너는 나의 반사경이 되어
서로 비춰주며 사는 거야

웃자란 손톱을

무시로 깎는

왼손과 오른손처럼

손톱에게

찰나의 부주의로
피멍든 육신
밤새도록 신열 앓은
사리 없는 고행

새까맣게 변색된
양심이 싫어
어서 빨리 새 살 돋기를
희구하는 염치

아픈 과거 밀어내고
환희처럼 새 날이 오면
그대여
저민 한도 그리움이다

등 1

등이 넓은 것은
외롭고 지친 사람
기댈 수 있게 함이다

등이 넓은 것은
사랑하는 이의 짐까지
짊어지라는 것이다

등이 굳이 넓은 것은
설사 휠지라도
너그럽게 살라는 것이다

등 2

미안하다 등아

오랜 세월
네 앞에 있는 배만 보고
살았구나

배고프면 채워주고
배부르면 두드려주고
배 아프면 어루만져주며
그렇게 앞만 보고 살았구나

여태껏 앙탈 한 번 부리지 않고
든든한 버팀목이 되어 준 너를
고개 돌려 보지도 못하고
보려고 애써 노력하지도 않은

너로 인해 잠도 자고
너를 의지해
무거운 짐도 지고 살았건만
네게는 정녕 해준 게 없구나

내 오늘 선한 이에게 너를 맡겨
정갈하게 씻고
시원하게 안마도 해서
지친 너를 위무하노니

등아 용서해라

등 3

등아 고맙다

두 아들을 업기도 하고
무등도 태운
좋은 기억도 있지만

지게 지고
등짐 지며
혹사시킨 지난 세월

등아 미안하다

그래도 너로 인해
때론 어깨에 힘주고
호기도 부렸거늘

어느덧 호시절은 가고
나이테 마냥
굽어진 허리

등아 사랑한다

한 평생
무거운 짐 마다않고
짊어지고 살아온

헌신만 하고
대접은 못 받은
고단한 등짝이여

등이 내게

등이 내게 묻는다

너는 한 번이라도 누구에게
마음 편히 기대고픈
따뜻한 등받이가 되었느냐

네가 못 보는 등을
긁어주고 밀어주는 이에게
진정 배려하며 살았느냐

등이 내개 말한다

힘들수록
등 돌리지 말고
등 떠밀지 말고

그럴수록
서로 등 두드려주고
받쳐주며 살게나

등은 또 내게 이른다

이제 그만
짊어진 짐 내려놓고
새털처럼 가볍게 살라

때론 위기 때 등 맞대며
목숨 바쳐 서로 지켜주는
무사처럼 살라 한다

팔 1

팔이 둘인 것은
사람(人)답게
살라는 거지

어린 영혼을
두 팔로 받아
가슴으로 안듯

세상사도 그렇게
소중히 껴안으며
살라는 거야

감싸주고
얼싸안으며
팔팔하게 사는 거다

팔 2

언덕을 오르는 연탄 수레를 보면
소매 걷어붙이고 밀어줘야
마음이 편한 이는
사랑해도 좋다

핍박받거나 쓰러진 자를 보면
두 팔 벗고 거들어야
직성이 풀리는 이는
행복해도 좋다

이처럼
사랑도 행복도
서로 밀어 주고
보듬어줄 때 스며드는 것

두 손 맞잡고 간절히 기도하듯
하늘 향해 두 팔 올려 만세 부르듯
때론 신중하게 때론 거침없이
노 저으며 사는 거다

건강검진

건강검진 1

그래
차라리 눈을 감자
죄 많은 자
정의의 심판 앞에
어찌 두 눈 부릅뜨랴

비몽사몽 간에
배출구를 통해 들어와
베일에 싸인 지하통로를
마구 헤집더니

어느 결에
출입구를 봉쇄하고
내 욕망의 주머니를
영장 없이 수색하여

그 간의 지은 죄를
낱낱이 파헤치는
수사보고서

건강검진 2

비워야 한다

위도 비우고
장도 비우고
잠시 할 일도
비워야 하나니

먹던 밥도
한두 끼는 참고
아직 남아 있는 잔당들을
척결하기 위해
빈속에 세정액을
헛구역질이 나도록 마셔야 하나니

밤을 새워도 좋다

설사여
구토여
내 안의 욕망과 분노
슬픔과 좌절 회한까지도

한 점 없이
배설하라

협착증

언제부터인가
어정쩡하게 걷게 되고
밤이면 다리가 저리고 쥐도 나
도통 잠을 잘 수 없어
병원에 갔더니

4번 5번 요추 사이가 좁아진
협착증이란다

안 그래도 작은 키가
나이 들면서 줄어들어
이상타 했더니
협착증이 원흉이었다

아무래도 그 동안
바르지 못한 자세로 살며
힘을 남용한
죄 값을 받는 게다

이제라도
무거운 짐 내려놓고
편협한 생각 부질없는 욕심
모두 날려버리라고
저리 큰 고통을 주는 거다

순명하고 살아야지
허리 곧게 펴고 살아야지

요로결석 1

언제부터인가
내 오른쪽 콩밭에
허락도 없이 들어와
오랜 세월 기거하던
점 같은 돌 하나

어느 날
손톱만큼 자란 놈이
요로를 타고 내려와
배은망덕하게
키워준 주인을 괴롭힌다

콜라 색깔 소피에
끊어질 듯 아픈 요통과
숨쉬기도 힘든 복통
병원 응급실에 실려가
진통제를 맞고서야 멎는 통증

놈을
소피로 빠져나올 수 있게

진동파쇄기로 잘게 바수어
몸 밖으로 내 보내는
처절한 응징

인연이란
어느 날 예고 없이
가슴에 한 점 돌로 박혀
서로의 의미가 되었다가
때론 비수가 되는 결석 같은 것

요로결석 2

산통에 버금가는
요통과 복통
불현듯 왔다가
언제 그랬냐는 듯
멀쩡해지는 심술

어떤 이는
맥주 몇 잔에 사라지는데
진통제 맞고
파쇄기로 마구 부수어야
자취를 감추는 놈

혹여
정제되지 못한 나의 언행이
어느 순간
그대 가슴에
저처럼 한 점 돌로 꽂혔다면

부디
한 잔 술로 잊으시구려

그래도 아니 잊으시면
본의가 아니었으니
마음껏 파쇄하시구려

아무 원망 없이
때리는 대로 맞고
가루처럼 부서져서
그대 배설물로
흔적 없이 사라지리다

황달

어느 날
멀쩡하던 얼굴이
누렇게 변색되더니

오줌 색깔도
눈자위도 노래지는
급성간염과 황달

치료 시기를 놓치면
자칫 낭패를 보는
무서운 병이

시류에 영합하며 살아온
카멜레온 같은
내 삶을 질책하듯

이제부터라도
맑고 청랑하게 살라고
아프게 훈계한다

弔花 1

너무들 하십니다 그려

이 몸이 분명 주인이거늘
내게는 눈길 한 번 아니 주고
제 몸에 드리워진 리본을 보며

힘깨나 쓰는
정치인 기관장 사업가들의
이름만 보시는가

弔花 2

이래봬도 한 때는
미당이 노래했던
내 누님 같은 꽃이구요

행사장이며 전시장에
단골로 모셔지는
귀한 몸이랍니다

弔花 3

나는 어떻게 되어도 좋아유

빈소 옆에서
사흘 밤낮을
꼬박 지새우고도

발인 날
쓰레기처럼
짓밟히고 내동댕이쳐진다 해도

망자여
부디 저승길 편이 가시라

애기꽃

원추리꽃 1

바람 한 점 없는
따가운 염천에도

고목을 쓰러트리는
거센 폭풍우에도

끝내 굴하지 않고
꿋꿋하게 피어

온종일
먼 산 바라보는

나리꽃보다 깊고
백합보다 고결한

그리운 그대여
내 사랑이여

원추리꽃 2

원추리를 아시나요

이른 봄에 싹을 틔워
연한 잎은
나물 캐는 아낙에게 주고

덥다고 모두들
그늘 속으로 숨어드는
한여름에 꽃대 올려

뙤약볕에 꽃망울 터트리는
백합보다 명징한
샛노란 꽃

선한 이들 이 꽃을 보면
근심을 잊는다 하여
망우초라 부르는

가을에는 뿌리마저
약초캐는 장정에게 내어주는

민초들의 꽃

비바람 거센
덕유산 산마루에서
함초롬히 피고 지는

원추리꽃을 아시나요

원추리꽃 3

그리움이 있는 이는
여름철에 한 번쯤
넉넉한 덕유산으로 가라

칼바람 부는
향적봉과 중봉에
올라서면

샛노랗게 물들은
원추리가 지천에 피어
그댈 반기리니

그리움 한 덩이
배낭에 넣고
덕유산에 오르면

알게 되리
저 예쁜 원추리꽃들이
왜 여기 모여 피는지를

세월이 흘러
그리움이 뼈에 사무치면
그때 알리

하얀 그리움이 있어
그런 대로 한세상
살만했노라고

애기꽃 1

봄꽃은 봄꽃대로
가을꽃은 가을꽃대로
곱고 좋지만

봄 여름 가을 겨울 없이
사계절 피고 지는
애기꽃이 좋아요

아이들은 아이들끼리
어른들은 어른들끼리
오순도순 둘러앉아
나누는 애기꽃

저기
사랑하는 이들
벤치에 앉아
서로 마주보며 나누는

저 아름다운
애기꽃의

속살을 보아요

집집마다
마을마다
피는 애기 꽃

애기꽃 2

수술과 암술이 있어야
꽃이 되는 것은 아니다

벌과 나비가 날아들어야만
꽃이 되는 것도 아니다

웃어주고
손뼉치고
맞장구 치고
고개 끄덕여주면

그게 바로
암술이고 수술이지

배려하고
격려하고
칭찬하여
사람들이 모여들면

이 또한
벌 나비이지

눈빛과 표정이
꽃잎이 되고
주고받는 말이
향기가 되는

오손도손
도란도란
정겹게 피는
얘기꽃

웃음꽃 1

라일락 백합 수국
장미꽃 벚꽃 참꽃
저마다 곱고 예쁘지만

나는야
눈물이 핑 도는
웃음꽃이 좋아요

너털웃음 함박웃음 깔깔웃음
박장대소 파안대소
활짝 핀 웃음꽃

벌 나비도 필요 없고
암술 수술도 따로 없는
사랑의 웃음꽃

오늘도
웃음꽃 한 다발
그대에게 드려요

웃음꽃 2

칸나 보다
해맑고

안개꽃 보다
수줍은

수국같이
우아한

곱고 예쁜
미소들이 모여

하하 호호
까르르 깔깔

웃음이
웃음을 낳는
웃음꽃 한마당

입추

여름이
끝났다는 게 아니라

늦더위가 있으니
여름 마무리를
잘 하라는 거야

가을이
왔다는 게 아니라

가을이 짧으니
가을 맞을 준비를
잘 하라는 거야

삼도봉 연가

산을 찾는 그대여
이제 오르기 위해서가 아니라
만나기 위해 가자

진실한 땀방울 온몸으로 흘리며
뜨거운 호흡으로 산정에 올라
반갑게 악수하며
축복을 주고받자

경상도 전라도 충청도 사람도
충청도 전라도 경상도 사투리도
서로 얽히고 섞여
함께 야호를 외치자

산처럼 좋은 이여
이제 정복하기 위해서가 아니라
사랑하기 위해 그곳에 가자

* 삼도봉(三道峰) : 충청도, 경상도, 전라도가 만나는 해발 1,174m의 소백산맥 남쪽에 위치한 산봉우리

덕유산에서

여름 티가 물씬 나는 칠월 초순
추적추적 비를 맞으며
넉넉한 덕유산을 오른다

정상에 가까워질수록
빗줄기는 강해지고
바람은 어디서 왔는지
몸을 가눌 수 없게
거세게 분다

향적봉과 중봉의 풀들은
일제히 바람 부는 방향으로
돌아누우며
내게 몸을 낮추라
겸손하라 이른다

거센 비바람은
항거하는 나뭇가지를 부러뜨리고
일회용 비닐우의마저 찢어놓고
어서 내려가라 한다

향적봉이여, 중봉이여

내 결코 그대가 싫어
하산하는 게 아니다
저 미친 바람이 무서워
도망치는 것도 아니다

내려가야 할 때 내려감은
포기가 아니라 또 다른 시작이다
잘 있거라 덕유산아
다시보자 덕유산아

소금강 연가

강원도 오대산 동쪽 기슭
청학동 소금강 어귀에 들어서면
감자전과 옥수수막걸리 익어가는
향토음식점들이 길게 도열해
발걸음을 들뜨게 하고

명승1호라는 글귀와 함께
율곡 이이가 쓴 단아한 필체의
소금강 표지석이
잘 오셨다고 수인사를 한다

계곡에 들어서면
노인봉에서 발원되는 연곡천 청량한 물소리가
듣지 말았어야 될 말들을 수없이 들어야 했던
고달픈 내 두 귀를 씻어주고

산자락마다 곧게 뻗은 적송이며
굴참나무 자작나무 물푸레나무들이
보지 말아야 될 것을 무시로 본
거슴츠레한 두 눈을 정화시킨다

식당암 귀면암 촛대석 등
계곡 끝까지 펼쳐있는
기암괴석과 층암절벽은
세월의 두께를 말해주고

낙영폭포와 구룡폭포는
무지개를 띄우며 젊음을 배설하고
연화담 푸른 물속엔
산천어들이 올망졸망 모여
평화의 시를 쓴다

산길을 걷다 어디서든
잠시 쉬고 있노라면
앙증맞은 다람쥐 한 마리가
기다렸다는 듯이 나타나
좀 더 쉬었다 가라하고

태고적 신비를 간직한
원시의 물과 나무와 바위가
산짐승과 산새와 곤충들을 품으며

한세상 곱게 살라한다

친구야 우리 함께 가자

태양이 이글거리는 여름이면
푸른 동해가 저만치 있는
대한민국 명승1호
청학산 소금강에 가서

네가 산이 되면
나는 물이 되고
내가 바위가 되면
너는 나무가 되거라

어화 둥둥 다음 생은
그렇게 환생하자

금강산 안내양

금강산에 가면
옥녀봉보다 푸르고
만물상보다 기묘한
상냥하고 기억력 좋은
예쁜 안내양이 있었다

한 번도 가기 어렵다는
북녘 땅 금강산을
운 좋게 세 번이나 갔는데
두 번째 방문한 나를
용케도 알아보고
먼저 반갑게 인사한다

“선생님 반갑습네다
또 오셨습네다”
“잘 있었어요 아가씨
나를 알아봐서 고마워요”
“그거야 선생님 인상이
좋아서 그렇티요”

그리고 1년 후 세 번째 방문에도
“아 선생님 또 오셨습네다
우리 금강산이 그렇게 좋습네까”
“그럼 어딜 다녀 봐도 금강산이 최고야”
“그렇티요 그렇티요”하면서

바깥세상이 궁금한지
“그동안 해외는 다녀오셨습네까”
“일이 있어 유럽 몇 나라를 다녀왔지”
“그래요 선생님은 좋겠습네다”

부러운 듯 주위 눈치를 살피며
이 것 저 것 물어보는
순박한 금강산 안내양

관광길 끊긴 지 어느덧 몇 해
비운의 철책은 굳게 닫혀 있는데
오늘도 남쪽 손님 오실 날 기다리며
금강산 어귀에서 세월을 낚고 있는지
시집가서 아들 딸 놓고

잘 살고 있는지

보고 싶다 그 처녀

불꽃놀이

불꽃놀이 1

젊은 사내
욕정을 사정하듯
수직으로 솟구쳐

수태할 수 없는
푸른 정자들을
밤하늘에 흩뿌려 놓는

아낙들은
안타까움에
환호성을 지르고

힘 빠진 남정들은
가버린 청춘에
탄성을 짓는

무리 지어 피어도
잡을 수 없는
비련의 향연

불꽃놀이 2

함부로
놀이라
말하지 마라

기쁜 날이면
깜깜한 창공에
폭죽으로 솟구쳐
제 몸을 불사르는
고단한 운명

부질없는 욕망을 싣고
끝내 하늘에 올라
찰나에 피고
찰나에 지고 마는
짧은 생애

넝쿨장미처럼
무리지어 피었다가
벚꽃처럼
일제히 지는

삼천궁녀들

밤이면
뉘 그리워
어느 집 지붕 위에
별똥별로 내려와

지상에서
못 다한 사랑
풀어 놓고 가는
푸른 영혼이여

불꽃놀이 3

함부로
불꽃처럼 살리라
말하지 마라

성냥불처럼
힘없이 타다 마는 것은
불꽃이 아니다

촛불처럼
바람 없어야 피는 것도
불꽃이 아니다

차가운 밤하늘에 곤두 박혀
천 길 낭떠러지에 떨어지면서
피는 꽃이라야 불꽃이다

뭇사람을 위해
천 길 낭떠러지에
떨어져보았는가

정녕
나 아닌 너를 위해
기꺼이 제 몸 태워보았는가

기쁜 날
밤하늘에 의미가 되는
저 빛나는 낙화

불꽃놀이 4

친구야
우리 하늘의
별이 되자

이왕이면
달빛 없고 바람잔 날
창공에 높이 올라

번지점프 하듯
어깨동무하며
멋지게 낙하하자

너는 나에게 별이 되고
나는 너에게 빛이 된다면
무엇이 두려우랴

야반도주하듯
밤에만 피는 꽃이라
흉본들 어떠랴

그대가 좋다면
이름 없는
야화여도 좋다

불꽃놀이 5

백년을 산다한들
어이 흡족하리

어머니 자궁으로
튕겨 나와

세상이란 무대에
한 점 빛으로 떠서

친구도 만나고
짝도 만나

사랑을 배우고
미워도 하고

가슴에 못도 박고
화해하고 용서하면서

주연보다는
조연으로 살아온 삶

생로병사 얼개 속에
별똥별처럼 휙 사라지는

인생이라는
저 짧은 불꽃놀이

불꽃놀이 6

우리
한바탕 놀아보자

하늘을 무대삼아
제대로 놀아보자

놀이란
백주대낮보다
어스름밤이 제격이지

쩨쩨하게 굴지 말고
신명나게 놀아보자

잘나면 잘난 대로
못나면 못난 대로
어울리고 하나 되면

형형색색 고운 빛깔
모두가 불꽃이다

어디 한번
불나게 놀아보자

불꽃놀이 7

향기 없는 꽃이라
비웃지마라

너희는
한번이라도
그렇게 불타봤느냐

혼불처럼 떨어지는
저 황홀한
군무

송두리째 주고 가는
부나비 사랑

불꽃놀이 8

밤이 좋아
밤에만 피는
야화가 아니다

불이 좋아
불구덩이에 뛰어드는
불나방도 아니다

오로지 당신 위해
온몸을 불사르는
거룩한 순애보

한세상
달맞이꽃처럼 피고
민들레 홀씨처럼 흩어져

그대 가슴에
희망을 지피는
저 순정의 불씨들

불꽃놀이 9

밤하늘에
불화살을 쏘아올린
후예들이

빈 깡통에 구멍을 뚫어
숯불을 넣고
빙빙 돌리던

정월 대보름날
불놀이
쥐불놀이

그 아이들의 아이들이
오색의 불꽃을 만들어
하늘에 쏘아 올리는 폭죽

모양과 방식은
예와 달라도
소망만은 변함없어

아이들의 꿈과
어른들의 시름이
한자리에 모여

토닥토닥 도란도란
희망을 합창하는
빛들의 축제

불꽃놀이 10

불꽃
함부로 키우지 마라

가슴에 지핀 소망의 불씨
잘 키우면
행복의 지렛대가 되고

이글거리는 탐욕의 불씨
끄지 못하면
파멸의 도화선이 된다

놀이
함부로 하지 마라

촛불 수천 개가 모이면
정의를 밝히는
횃불이 되지만

촛불 하나 잘못 스러지면
집도 산도 삼키는

재앙이 된다

멋대로
소유하지 마라

저 화려한 불꽃에도
장미꽃 가시보다
더 억센 가시가 있나니

불꽃놀이 11

시를 써요

자음과 모음이
함박눈처럼 쏟아져
미처 다 읽지 못하는 시

합창을 해요

고저장단과 하모니가
너무나 오묘해
차마 녹음할 수 없는 노래

그림을 그려요

삼천궁녀가 그리는 그림
표구할 액자가 지상에 없어
못내 아쉬운 명화

춤을 추어요

세상 모든 춤사위가
한데 어울려 빛을 발하는
그저 황홀한 군무

공연을 해요

자신을 송두리째 태우는
딱 한번 뿐인
인생이란 무대

불꽃놀이 12

그래 터지는 거야

태초에
우주가 폭발하듯
활화산이
용암을 분출하듯

그렇게 폭발하는 거야

황홀경도
새 생명도
저처럼
폭발 뒤에 오는 것

송두리째 타는 거야

희망의 핀을
뽑아 던지면
빛이 되어 반짝이는
저 푸른 자유

5부

탁구를 치며

탁구를 치며 1

작다고
가볍다고
얕보면 안 돼

힘으로 돈으로
권력으로도
안 되는 게 있지

어르고 달래고
쓰다듬으며
온 정성을 쏟아야 해

한눈팔지 마
호시탐탐 노리고 있는
연적이 있잖아

부드럽게 때론 강하게
두 눈 부릅뜨고
한껏 사는 거야

탁구를 치며 2

책임을
떠넘기지 마라

가는 말이 고와야
오는 말이 곱듯

오는 공이 좋아야
가는 공도 좋은 법

허물을
탓하지 마라

아무리 집중해도
실수는 있기 마련

완벽한 인간 없듯
완벽한 삶도 없는 법

스코어에
연연하지 마라

잘 하면 잘 하는 대로
못 하면 못 하는 대로

맞춰가며 사는 거지
어울리며 사는 거지

탁구를 치며 3

초보라고
못 친다고
무시하지 마라

챔피언도
처음에는
다 그렇게 시작했다

지금
남보다 잘 친다고
으스대지 마라

세상은 넓고
강호에 고수는
별처럼 많다

나보다 못 하다고
얕잡아 보던
하수에게

어느 날
덜미를 잡히는 게
바로 인생이다

탁구를 치며 4

둘이서
마주보는 거야

아무리 힘들어도
등 돌리면 안 돼

맞수가 있다는 건
행운이자 축복이지

인생이란
주고받는 시소게임

몰입하고 집중해야
오르가슴에 닿듯

팽팽할수록 깊어지는
사랑의 미학

탁구를 치며 5

조금만 밉보여도
밖으로 뛰쳐나가고

마음에 안 찬다고
가슴에 머리 처박는
날뛰는 야생마

준마가 되도록
길들이며 사는 거지

잠시만 곁눈질해도
여지없이 토라지고

수시로 변덕을 떨고
어디로 튈지 모르는
철없는 응석받이

그래도 한세월
다독이며 사는 거지

탁구를 치며 6

움켜쥐려하지 마

손가락 사이로 물 빠지듯
움켜질수록 허망한 게
인생이다

튀는 공 내게 온다고
붙잡아둘 수 없듯
되돌려주며 사는 거야

독불장군은 없어

세상살이
내가 못 해도 재미없고
네가 못 해도 재미없어

기울면 채워주고
모자라면 노력해서
균형을 맞추는 거야

어디
완전한 사랑 있다더냐

한평생 맞수가 되어
지지고 볶으며
이겼다 졌다 하는 게
바로 사랑이다

탁구를 치며 7

공을 주고받지만
실은 내 꿈과 네 꿈을
서로 주고받는 거야

팔십 팔 세까지
팔팔하게 사는 꿈도
그 중 하나지

상대가 없는 자
상대할 수 없는 이는
참으로 처량하다

나이가 달라도
남녀가 유별해도
맞붙으면 동반자야

부자든 빈자든
잘났든 못났든
함께하면 파트너지

상대가 있다는 건
곧 내가 존재한다는 것
이 얼마나 큰 축복인가

이왕 만났으니
즐겁게 신나게
사는 거야

한세월 사노라면
너와 나의 꿈도
저리 곱게 익을 거다

탁구를 치며 8

후려치는 게
능사는 아냐

바둑의 사활처럼
맥점을 찾아야 해

때론 짧고 부드럽게
때론 깊고 강하게

상대의 허점과 빈틈을
공략하는 거야

뛰는 놈 위에
나는 놈 있듯이

올라갈수록
절묘한 묘수들

담금질 없는 명검이
강호에 없듯이

내공 없는 고수가
어디 있으랴

투혼 없는 승리가
또 어디 있으랴

탁구를 치며 9

네가 죽어야
내가 사는 게 아냐

네가 없으면 나도 없고
네가 시들하면 나도 시들해져

이겨서 나쁠 건 없지만
졌다고 슬플 것도 없어

내일 다시 태양은 뜨고
기회는 잡으라고 있는 것

때론 지는 게 이기는
반전의 미학도 있지

최고가 되려고
욕심내는 게 아냐

뭇별과 어울리기 위해
내공을 쌓는 거야

이기면 이기는 대로
지면 지는 대로

함께해서 재미있고
어울려서 행복한 삶

달인이 별거더냐
그리 살면 달인이지

탁구를 치며 10

살다보면 뜻하지 않게
크고 작은 실수를 하듯
그 예쁜 연인에게도
때론 몹쓸 실수를 한다

무심코 치고받다가
깨트리기도 하고
급하게 서두르다가
짓밟기도 하는 비련

미안해 정말 미안해
제 몸 부서지도록 사랑한
순애보여 맑은 영혼이여

무소유의 짝사랑도
깊어지면 응어리가 되는
푸른 사랑의 이중주

둘 또는 넷이서
온몸으로 열창하는
저 가없는 돌림노래

별에게

칠월 칠석이 오면

밀가루도 귀했던 시절
칠남매를 낳아 기른
가난했던 우리 엄마는

아욱과 근대를 넣은
멀건 수제비국을
자식들에게 먹이곤
가슴 아파 했지

여름이면
농사일을 끝낸 해거름에
동네 앞 반변천*으로
올갱이를 잡으러 갔던
우리 어메

고깃국 대신에
올갱이국이라도
끓여 먹이려고
냇가에 나갔다가
깊게 패인 웅덩이에 빠져

하마터면 빠져 죽을 뻔 했던
키 작은 우리 엄마

올갱이국 맛있게 먹는
철없는 자식들 바라보며
흐뭇해 하셨던
자정(姿情)한 울 엄마

견우와 직녀가 만나는
칠월 칠석이 오면
평생 고생만 하다 세상 뜨신
가엾은 엄마 생각에

못난 불효자식
초승달 쳐다보며
깊은 속울음 우는데

매미도 서러움을 아는지
밤새 따라 운다

* 반변천 : 낙동강 지류로서 안동 임하댐의 모천임

별에게 1

2013년 7월 22일은
첫 손녀가 태어나
할아버지가 된 날이에요

손녀는 우리 집안에
샛별이구요
나에게 아주 특별한
축복입니다

그래서 이름을
별이라 지었어요

내 아들과 며느리인
별의 부모가
딸을 별처럼 잘 키우리라
믿기 때문이지요

아무나 별이라고 부른다고
별이 되는 것이 아니듯
별처럼 소중하고 빛나게 키워야

참별이 되지요

별이 자라서
세상을 보는 눈이 생기면
그 눈으로 넓은 세상 바라보게
세계 여러 나라를 여행하며

별의 의미가 무엇인지
어떤 별이 될 것인지
스스로 깨우치고 담금질하는
도우미가 될 거에요

별이 있어
김별이 있어서
행복한 할아버지랍니다

별에게 2

별아
누가 뭐래도
넌 금쪽같은 별이다

영혼이 맑은 아비와
심성이 착한 어미의
몸을 빌려
이 땅에 온 아가야

딸이 귀한 집안에
첫 손주로 태어나
알토란같은
살림밑천이 된 복덩이야

네 눈은
샛별보다 빛나고
오뚝한 코와 고운 볼은
볼수록 영명하니

세상은 너의 것

무럭무럭 자라고
씩씩하게 크거라

너로 인해 기쁘고
너로 인해 행복하면
그게 바로 참별이다

별아
사랑하는 김별아

인철이 엄마

하얀 미소가 예쁜
수선화 같은 여인

단발머리에
채송화처럼 앙증맞고
해바라기처럼 넉넉한
긍정의 화신

깊은 내공으로
지난 세월 모진 시련을
웃음으로 날려버린
의지의 여장부

어느 결에
자식 둘 출가시키고
연신 손주 자랑하는
할머니가 되어도

오카리나와 플루트를 불며
비타민을 쏟아내는
소녀 같은 그녀

현덕이 엄마

옥천군 청산면 박씨 문중의
귀한 맏딸로 태어나

꿈 많던 처녀 시절
집도 절도 없는
한 살 연하의 면사무소 직원을
배필로 맞아

평생 홀아비로 산
오로지 외아들밖에 모르는
시아버지 봉양하면서

착한 아들 둘 낳고
남편 뒷바라지 잘 해
집안을 일으켜 세운
장한 여인이여

아직도
큰 아들 작은 아들네가 낳은
손주들 보느라

편히 쉴 틈이 없는

보름달처럼 환한 얼굴에
온화한 눈빛과
긍정이 몸에 배인
현모양처 예 있소

홍경이 엄마

바늘로 찔러도
피 한 방울 나오지 않을 것 같은
서울 아낙 같지만

깎아낸 듯
조각처럼 단아하고 예뻐서
인정머리 없을 것 같지만

지켜보면 볼수록
진국 같은
소박한 여자

언제부터인가
기독인이 되더니
어느 날 권사가 되어

세상사 기도하듯
욕심 없이 성냄 없이
평탄하게 살아가는

작약 같고
백일홍 같은
단단한 여자

승철이 엄마

미루나무처럼
키가 크고
시원시원한
승철이 엄마는

서사모의
막내이자
영원한 총무다

살림도 잘 하고
노래도 잘 하고
못하는 운동이 없는
원더우먼이라

어디를 가든
환영받고
무엇을 해도
밉지 않은

선한 눈망울에

환한 미소를 짓는
산소 같은 여인

박 여사와 왕 여사

부부모임 중에
서로 사랑하며 살자고 맺은
서사모라는 20년 지기
모임이 있다

학교 동창에 절친인
박 여사와 왕 여사는
모임의 인기 짱이다

그들이 만나면
신나고 요란하다

고향을 지키고 사는 박 여사는
천연덕스럽게 자신은 웃지 않고
시골 버전으로 웃기고

서울 근교에 사는 왕 여사는
스스로 박장대소하며
서울 버전으로 웃기는데

세상 돌아가는 이야기를
육두문자와 코믹한 언어로
앞서거니 뒤서거니
질펀하게 풀어놓으면

어찌나 유쾌한지
시간 가는 줄 모르고
하도 웃어 눈물이 난다

세월이 흘러도
입담은 줄지 않고
그들의 우정은
된장처럼 곰삭아

야생화처럼 청초하고
물푸레나무처럼 푸르게 사는
박 여사와 왕 여사

지방공무원

그들을
영혼이 없는 직업인이라
함부로 말하지 말라

산불이 나면
보던 업무 덮어두고
노도처럼 번져 오는 불길을 향해
무거운 물통을 지고
제일 먼저 산등성이를 오르는 자가
그들이며

구제역이 번지면
서류와 씨름하던 손으로
소독약도 얼어붙는 혹한 속에서
밤새도록 초소를 지키며
소 돼지를 눈물로 언 땅에 묻는 이도
이들이거늘

산불을 끄다
가파른 능선에서

넘어지고 부러지고
초목처럼 타죽거나 질식사하는

차마 눈뜨고 볼 수 없는 아비규환 속에서
생때같은 소 돼지를 땅에 묻다
쇠뿔에 찔리고 뒷다리에 치여
더러는 병신이 되고 죽기까지 하는

그들이
바로 지방공무원이다

빽 도

윷놀이를 합니다

모도 나고 윷도 나고
걸도 개도 도도 나서
판 따라 제 갈 길을 가지만

더러는 원치 않는 빽도도 나와
갈 길을 더디게 하지요

그런 빽도도
더러는 윷판을 반전시키는
행운도 되나니

앞섰다가도
윷말을 잘못 쓰면
지기도 하거니와

뒤처지다가도
신명을 내면
뒤집기도 하는 법

벗님네들
한두 번쯤

상대방이 좋아하는
빽도 한들 어떠하리

행복 모자이크

청풍명월로 곱게 화장한
결 고운 충북의 딸들이
한 손에는 양성평등을
또 한 손에는 행복 충북을
높이 들고 여기 모였네

한반도의 중심에서
숨죽이며 살았던 착한 딸들이
변방이란 낡은 옷을 벗어 던지고
중심이란 새 옷으로 갈아입고
여기 전사처럼 뭉쳤네

나이도 종교도
하는 일도 모두 다른
개성 넘치는 그녀들이
여성포럼이라는 용광로에서
뜨겁게 하나 되었네

어느새 그녀들 모두
행복 모자이크를 만드는 천사가 되어

장애인과 여성결혼이민자들이
아동과 여성과 가족이 행복한 세상을
한 뜸 한 뜸 수놓고 있네

그렇게 수놓아온 지난 10년
이제 그녀들이
충북의 밝은 빛이 되었네

그녀들이 있어
충북이 상록수처럼 푸르고
그녀들이 움직일 때마다
대한민국이 빙긋 웃네

오 장하도다
충북여성포럼이여
지축을 흔들며 가자
세계로 미래로

* '충북여성포럼'창립 10주년에 부쳐

화가 이홍원

그에게서
풋풋한 풀냄새가 난다

그의 그림 속에
광기어린 고호와
술 취한 장승업이
어슬렁거리고

충청북도 마동창작마을에는
그가 그린
꽃과 호랑이와
미루나무 사이에서
장난꾸러기 아이들과
그리운 아낙들이
밤새 숨바꼭질 하는데

오늘도 술래가 되어
민초들의 꿈을 찾아가는
푸른 피에로

가자, 청남대로

시린 겨울을
온 몸으로 이거낸 그대여
우리 청남대로 가자

따뜻한 남쪽의 청와대라 불리는
햇살 좋고 물결 고운 청남대에서
개나리 진달래 영산홍과
수많은 봄꽃들의 영접을 받으며
하루쯤은 저마다
존귀한 나라님이 되어
폼 나게 새 봄을 만끽하자

1988년 8월 어느 날
서슬 퍼런 국회 5공비리 조사특위 위원들이
청남대에 당도해
'국정조사 왔으니 문 열어라' 고함을 쳐도
영접 나온 민태구 도지사에게
'충북 땅이니 당신이 문 여시오' 윽박질러도
끝내 들어가지 못하고 돌아서야 했던 곳

제 땅 내어주고 통행은커녕
성묘도 마음대로 갈 수 없었고
산등성이에 올라서도
마음 놓고 바라볼 수도 없었던
불통의 치외법권지역

1983년부터 2003년까지
권위와 독점과 밀실의 상징으로 기능했던
권부의 심장 속으로
너와 내가 가고
아무나 무시로 드나든 지
어언 10년

이제
철따라 다른 빛깔 다른 향기로
민초들을 대통령으로
귀하게 맞이하는
대한민국의 관광 성지가 되었다

그대여 우리 함께

청남대로 가자

녹음 우거진 뜨거운 여름에는
대청호 푸른 호반에 눈 씻고
강바람 산바람 맞으며
청아한 매미소리에 귀 씻자

단풍이 곱게 물드는 가을이면
코스모스 들국화 구절초가 손짓하고
청설모 고라니가 길동무하는
대통령길을 걸어보자

북풍한설 몰아치는 겨울이 오면
진입로 감나무에 매달린 까치밥과
혹한을 이겨내는 겨울 나목이 되어
사랑과 희망을 이야기하자

꽃대궐 화사한
청남대에 가면
누구나 왕이 되고

대통령이 된다

그대여
우리 철따라 폼 잡고
청남대로 가자

* '청남대'개방 10주년에 부쳐

■ 작품해설

삶의 지혜를 통한 시적 본질 탐구

―김기원 시인의 시세계

문학평론가 리 헌 석
(사) 문학사랑협의회 이사장

1.

김기원 시인은 첫 시집 『무심천 개구리』를 2000년에 발간한다. 등단 6년차의 시인이 차곡차곡 모았던 작품을 모아 발간한 시집이다. 이 시집을 발간한 후, 그는 잠시 문학 창작의 열정을 풀어놓고, 행정공무원으로서 봉공(奉公)의 보람을 찾는다.

평생 봉직하던 공무원에서 퇴임하고, 문화예술과 관련된 법인단체에 근무하게 되면서, 잠자고 있던 예술적 감성을 되살려낸다. 간헐적으로 시를 빚던 그였지만, 최근에는 분수처럼 솟구

치는 창작 열기로 다작의 경향을 띤다. 이때 빚어진 작품들은 대부분 내용과 형식면에서 자유롭다는 특징을 지닌다. 공적 시스템의 영향을 덜 받는 직책을 맡았기 때문인지, 내면적 자유가 반영된 창작 형태를 보인다.

그리하여 세상을 바라보는 시각도 열리게 된다. 공직 수행의 수월성, 공익성, 봉사적 자세를 중시하던 그가 삶에 대한 자유로우면서도 심도 깊은 사색에 젖는다. 그러나 그의 작품은 철학적 도그마(dogma)에 빠지지 않고, 일상생활에서 발견한 삶의 지혜를 간결하게 노래한다.

산사에
강도가 들었네

조석으로 불공드리는
주지스님을
꽁꽁 묶어 놓고
시주함을
몽땅 털고 있는데

부처님은
어쩌자고
빙그레 웃으시는가

—「웃는 부처」 전문

많은 생각을 하게 하는 작품이다. 이 작품의 제재는 단순한 에피소드로 보인다. 한글을 해독하는 독자라면 모를 말이 없을 정도로 평이한 작품이다. 1연의 진술과 2연의 특별한 상황을 전제로 하여 도출된 〈부처님은/ 어쩌자고/ 빙그레 웃으시는가〉라는 3연은 독자들에게 다양한 의미로 다가설 것이다.

그 구체적 상상은 독자들의 몫이겠지만, 김기원 시인이 최근에 빚은 작품들에서 보이는 인식과 닿아 있는 것 같다. 큰 성당과 큰 교회가 잘 세워지는 현실에서 〈마구간에 나신 예수님〉을 그리워하는 것이나, 멋지고 희한한 절이 잘 세워지는 현실에서 〈왕관을 버리신 부처님〉의 아름다운 '비움'을 따르려는 내면의 투영이다. 요컨대 겉에 드러나 있는 것보다는 본질을 궁구(窮究)하는 것이 중요하며, 이를 자신의 삶과 연계시키고 있다.

2.

김기원 시인은 '만인의 왕'으로 추앙받는 예수도 가장 허름한 '마구간'에서 태어나, 가장 낮은 자세로 사람을 섬긴 것처럼, 남은 생을 그렇게 살고자 하는 것 같다. 또한 왕자로 태어났지만,

부귀한 세상을 뒤로 하고 깨달음의 길에 나선 붓다처럼, 세상의 욕심을 비우며 살아가고자 하는 것 같다.

이처럼 성인(聖人)의 뒤를 따르는 것은 아름답고 귀한 일이다. 아무리 노력하여도 그 반열(班列)에 오를 수는 없는 것이지만, 주어진 환경에서 최선을 다하는 것은 무량(無量)의 가치가 있게 마련이다. 이러한 깨달음은 아주 작은 사물, 혹은 사물의 아주 작은 부분을 통하여 극대화되기도 한다. 선지자들은 거대한 우주를 통하여 깨달음을 상기시키기도 하지만, 때로는 아주 작은 사물을 통하여 지혜를 일깨운 바도 있다. 김기원 시인의 작품에서도 의미를 찾아보기 힘들 정도로 작은 사물을 통하여 귀한 가치를 생성(生成)한다.

팔이 둘인 것은
사람(人)답게
살라는 거지

어린 영혼을
두 팔로 받아
가슴으로 안듯

세상사도 그렇게

소중히 껴안으며
살라는 거야

감싸주고
얼싸안으며
팔팔하게 사는 거지

—「팔 1」 전문

삶의 긍정을 구체화한 이 작품은 '말이나 문자를 소재로 하는 언어유희'에서 출발한다. 특히 1연에서는 세 가지 소재의 이미지를 중첩(重疊)하여 새로운 이미지를 생성한다. 중심 제재인 사람의 팔(臂), 숫자 여덟의 '八'과 어형이 닮은 사람의 한자어 '人' 등이 복합적으로 결합하여 미묘한 이미지를 도출한다. 두 팔의 상태가 '人'의 꼴이기 때문에 사람답게 살아야겠다는 의미로까지 확장된다.

따라서 〈어린 영혼을/ 두 팔로 받아/ 가슴으로〉 안을 수 있다. 이는 사람살이에 대한 일반적이고 보편적인 정서를 노래한 것이기도 하려니와, 최근에 손녀 '김별'을 얻은 시인의 따스한 감성이 찾아낸 발견으로도 보인다. 사랑하는 손녀를 가슴에 안을 때의 정성과 사랑으로 '세상'과 마주하고 싶다는 노래다. 이처럼 행복을 누리며 팔팔하게 살고 싶다는 소망을 보인다. 4연에서

활용한 '팔팔하게'라는 부사는 1연의 이미지 중첩과 수미상관(首尾相關)하여 그의 시재(詩才)를 새롭게 평가하는 요소로 기능한다.

> 등이 넓은 것은
> 외롭고 지친 사람
> 기댈 수 있게 함이다.
>
> 등이 넓은 것은
> 사랑하는 이의 짐까지
> 짊어지라는 것이다.
>
> 등이 굳이 넓은 것은
> 설사 휠지라도
> 너그럽게 살라는 것이다.
>
> —「등 1」 전문

김기원 시인은 최근에 주목받지 못한 사물에 대한 각별한 애정을 표출한다. 그 중에 몸의 중심 역할을 하면서도 드러나지 않는 '등'에 대한 몇몇 작품은 비유와 상징으로 인해 다의성을 확보한다. 그는 「등 2」에서 〈미안하다 등아// 오랜 세월/ 네 앞에 있는 배만 보고〉 살았다고 고백한다. 〈너로 인해 잠도 자고/ 너를 의지해/ 무거운 짐도 지고 살았건만/ 네게는 정녕 해준 게 없〉다고 미안해한다. 〈여태껏 앙탈 한 번 부리지 않고/ 든든한 버팀목이 되어 준 너를/ 고개 돌려 보지도 못하고/ 보려고 애써 노력하지도 않는〉 시인은 아마 소외되어 있는 약자들에게도 관심을 사랑을 나눌 것 같다.

한편으로는 「등이 내게」에서는 〈힘들수록/ 등 돌리지 말고/ 등 떠밀지 말고// 그럴수록/ 서로 등 두드려주고/ 받쳐주며〉 살라는 등의 의미를 수용한다. 이와 함께 〈이제 그만/ 짊어진 짐 내려놓고/ 새털처럼 가볍게 살라〉는 권유에 따라 삶의 자세를 가다듬는 것 같다.

3.

세상에 대한 욕심을 비우려고 하지만, 어느 누구도 완전하게 비울 수는 없을 터이다. 그러기에 보통 사람들은 자칫 범할 수 있는 과욕을 경계하고자 한다. 그런 자세만으로도 사람과 사람 사이가 너그러워지고 편안하게 된다. 특히 자주 만나는 사이일수록 역지사지(易地思之)하는 자세가 필요하다. 대부분의 갈등도 처지를 바꾸어, 상대 입장에서 생각하면 어느 정도 잘 풀리게 마련이다.

김기원 시인도 너그러워질 이순(耳順)의 연치(年齒)에 다다른다. 그런 면에서 만나는 사람들과 불편한 관계를 피하고자 하는 것 같다. 그 정서적 매체로 '탁구'를 도입한다. 탁구는 상대가 있는 운동이기 때문에 승패다툼을 기본으로 한다. 그렇지만 상대를 배려하는 마음과 자세를 통하여 서로 아름다운 관계를 유지할 수 있다. 이러한 관계가 시에 투영된다.

둘이서
마주보는 거야

아무리 힘들어도
등 돌리면 안 돼

맞수가 있다는 건
행운이자 축복이지

인생이란
주고받는 시소게임

팽팽할수록 깊어지는
사랑의 미학

—「탁구를 치며 4」 전문

표면적으로는 사랑하는 남녀 관계를 말한 것 같다. 그러나 이 관계는 사람들과의 보편적 관계로 승화되기도 한다. 〈팽팽할수록 깊어지는/ 사랑의 미학〉에서 〈인생이란/ 주고받는 시소게임〉이라는 일반화되는 과정이 그러하다. 이는 「탁구를 치며 1」에서처럼 〈작다고/ 가볍다고/ 얕보면 안돼〉 〈힘으로 돈으로/ 권력으로도/ 안 되는 게 있지〉라는 형상화에서도 확인된다. 이는 다시 「탁구를 치며 2」에서처럼 〈스코어에/ 연연하지 마라// 잘 하면 잘 하는 대로/ 못 하면 못 하는 대로// 맞춰가며 사는 거지/ 어울리며 사는 거지〉 등으로 삶의 향방(向方)을 제시한다.

그렇지만 세상은 마음처럼 간단한 것이 아니다. 그래서 시인의 고심(苦心)에 찬 작품이 탄생된다. 「탁구를 치며 5」에서 〈조금만 밉보여도/ 밖으로 뛰쳐나가고// 마음에 안 찬다고/ 가슴에 머리 처박는/ 날뛰는 야생마〉가 세상에는 수두룩하다. 이 부분은 '탁구공'에 대한 이야기이지만 세상에서 만날 수 있는 사람들을 상징하기도 한다. 그리하여 시인은 〈준마가 되도록/ 길들이며 사는 거지〉 〈한세월/ 다독이며 사는 거지〉라며 달관의 경지를 주문한다.

그래도 이 세상을 살아내기에는 여러 걸림돌들이 있게 마련이다. 그래서 시인은 이 걸림돌로 인해 괴로워하기도 하고, 때로는 절망하거나 좌절하기도 하여, 어느 순간 불꽃처럼 폭발하기도 한다.

그래 터지는 거야

태초에
우주가 폭발하듯
활화산이
용암을 분출하듯

그렇게 폭발하는 거야

황홀경도
새 생명도
저처럼
폭발 뒤에 오는 것

송두리째 타는 거야

희망의 핀을
뽑아 던지면
빛이 되어 반짝이는
저 푸른 자유

—「불꽃놀이 9」 전문

폭발의 이미지는 강렬하다. 아름다운 섬광을 뿌리며 자신을 희생하는 불꽃놀이의 화광(火光)이 그러하다. 그렇지만 동물이나 사람을 살상하는 총포(銃砲)에서 비롯되는 폭발과는 다르다. 그래서 여러 삶의 조건들에서 발생하는 욕구불만도, 이와 같은 불꽃놀이의 폭발처럼 승화한다면 참으로 아름다운 세상이 되리라 본다.

김기원 시인도 이와 같은 시각에서 여러 편의 작품을 창작한다. 작품마다 다른 제재를 다루고 있지만, 그 발상의 기본은 사람살이의 개성적 대입이다. 그는 '놀이'라는 명칭이 붙어 있지만, 불꽃놀이에 대하여 〈함부로/ 놀이라/ 말하지 마라〉고 주문한다. 〈기쁜 날이면/ 깜깜한 창공에/ 폭죽으로 솟구쳐/ 제 몸을 불사르는/ 고단한 운명〉을 이해하고자 한다. 〈부질없는 욕망을 싣고/ 끝내 하늘에 올라/ 찰나에 피고/ 찰나에 지고 마는/ 짧은 생애〉를 묵상한다. 그 바탕에 〈지상에서/ 못 다한 사랑/ 풀어 놓고 가는/ 푸른 영혼〉에 삶의 의미를 부여한다.

4.

무릇 사랑을 풀어 놓고 삶의 가치를 궁구(窮究)하는 것은 여반장(如反掌)처럼 쉬운 일이 아니다. 자신이 선한 마음으로 선행을 닦으며 사는 것도 힘든 일이다. 그런데 주위에서 달려드는 유혹을 극복하거나 맞서 대적하는 일은 참으로 고단한 일이다. 유혹을 감내하면 비겁자로 매도되기도 하고, 불의에 맞서 싸우는 일은 때때로 폭력자로 오인되기도 한다. 그리하여 대부분의 사람들은 자신을 바르게 가꾸며 건전하게 생활할 수 있기를 간절하게 소망한다.

김기원 시인이 정심(正心)으로 세상을 살아갈 수 있는 바탕은 희생적 모성(母性)에 연유하는 것 같다. 그의 어머니는 〈밀가루도 귀했던 시절/ 칠남매를 낳아 기른/ 가난했던〉 '엄마'이시다. 〈아욱과 근대를 넣은/ 멀건 수제비국을/ 자식들에게 먹이곤/ 가슴 아파〉하던 분이다. 그래서 그는 시시때때로 어머니를 그리워하며 노래한다. 특히 칠월 칠석이면 더욱 그리운 분이 어머니시다.

올갱이국 맛있게 먹는
철없는 자식들 바라보며

흐뭇해 하셨던
자정(慈情)한 우리 엄마

견우와 직녀가 만나는
칠월 칠석이 오면
평생 고생만 하다 세상 뜨신
가엾은 엄마 생각에

못난 불효자식
초승달 쳐다보며
깊은 속울음 우는데

매미도 서러움을 아는지
밤새 따라 운다

—「칠월 칠석이 오면」 일부

어머니를 여읜 사람들은 이 작품을 감상하며 눈물을 짓지 않을 수 없을 만큼 절창(絶唱)이다. 여름이면 어머니는 농사일을 끝낸 해거름에 동네 앞 시내에서 올갱이를 잡으신다. 고깃국 대신에 올갱이국이라도 자식들에게 먹이려고 하다가 깊게 패인 웅덩이에 빠져 하마터면 '큰일날 뻔한 어머니'가 그리운 것은 당연하다.

어머니에 대한 그리움과 함께 모성(母性)을 찬양하는 작품도 여러 편이다. 또한 첫 손녀에 대한 특별한 사랑도 작품에 투영된다. 「별에게 1」에서는 할아버지가 된 사연을 소개한다. 〈2013년 7월 22일은/ 첫 손녀가 태어나/ 할아버지가 된 날〉이라고 소개한다. 〈손녀는 우리 집안에/ 샛별〉이며 〈특별한 축복〉이라고 기뻐한다. 그리하여 손녀의 이름을 '김별'이라고 짓게 된 까닭도 밝힌다. 「별에게 2」에서도 〈너로 인하여 기쁘고/ 너로 인해 행복하면/ 그게 바로 참별〉이라며 씩씩하게 무럭무럭 자라기를 기도한다. 이러한 소망은 가족에 머물지 않고 사회로 열린다.

나이도 종교도
하는 일도 모두 다른
개성 넘치는 그녀들이
여성포럼이라는 용광로에서
뜨겁게 하나 되었네

어느새 그녀들 모두
행복 모자이크를 만드는 천사가 되어
장애인과 여성결혼이민자들이
아동과 여성과 가족이 행복한 세상을
한 뜸 한 뜸 수놓고 있네

그렇게 수놓아온 지난 10년
이제 그녀들이
충북의 밝은 빛이 되었네

—「행복 모자이크」 일부

이 작품은 '충북 여성 포럼' 창립 10주년을 기념하는 축시(祝詩)의 일부이다. 서두는 단체의 특성을 밝히는 것으로 시작한다. 〈청풍명월로 곱게 화장한/ 결 고운 충북의 딸들이/ 한 손에는 양성평등을/ 또 한 손에는 행복 충북을/ 높이 들고 여기〉 모였다고 밝힌다. 특히 〈한반도의 중심〉인 충북을 강조하면서 〈변방이란 낡은 옷을 벗어던지고/ 중심이란 새 옷으로 갈아입고〉 전사처럼 뭉쳐서 봉사하기를 소망한다.

말미에서는 〈그녀들이 있어/ 충북이 상록수처럼 푸르고/ 그녀들이 움직일 때마다/ 대한민국〉이 웃는다고 찬양한다. 어쩌면 현대는 가부장적 남성 우월주의 시대를 지나, 양성 평등시대도 넘어, 여성 우월주의 시대가 도래(渡來)한 듯하다. 이와는 무관하게, 시인은 어머니를 비롯한 여성의 희생적 역할과 시대적 사명에 대하여 존경을 표한다. 그런 정서가 여러 작품에 오롯하게 들어 있다.

5.

김기원 시인은 충북도청 문화예술과장을 역임하면서 충북문화재단 설립에 중추적 역할을 담당한 바 있다. 공직에서 퇴임한 후에는 충청북도 문화재연구원 사무국장으로 지역 문화 예술 발전에 공헌하고 있다. 이런 바탕에서 그는 충북의 자연에 대한 무한한 사랑을 작품으로 빚는다. 특히 첫 시집에 담아낸 충북의 자연사랑을 노래한 30여 편은 놀라운 감동을 생성한 바 있다.

최근에는 충북의 인물, 특히 문화예술계의 대표적 아티스트에 대해 관심을 기울이고 있다. 신문 칼럼을 집필할 때도 이들에 대한 내용이 중심을 이룬다. 더불어 문화예술에 관심이 큰 정치가나 행정가에 대한 고마움을 표하기도 한다. 이렇듯이 문화예술에 대한 그의 관심은 비교할 수 없을 정도로 순정(純正)한 바가 있다.

그에게서
풋풋한 풀냄새가 난다

그의 그림 속에
광기 어린 고호와
술 취한 장승업이

어슬렁거리고

충청북도 마동창작마을에는
그가 그린
꽃과 호랑이와
미루나무 사이에서
장난꾸러기 아이들과
그리운 아낙들이
밤새 숨바꼭질하는데

오늘도 술래가 되어
민초들의 꿈을 찾아가는
푸른 피에로

—「화가 이홍원」 전문

김기원 시인은 여생(餘生)을 충북의 문화예술 발전에 기여하고자 한다. 자신의 시 창작에 열정을 보이는 것도 그 하나일 터이고, 문화예술계에서 활동하고 있는 아티스트들을 격려하고 홍보하는 것도 그 하나일 터이며, 그 분야의 실무를 담당하는 것 또한 그 하나일 터이다. 어느 것이라도 그가 담당할 수 있는 일이라면, 열정적으로 수행할 준비를 갖춘 것으로 보인다.

그는 어둔 하늘에서 섬광처럼 아름답게 퍼지는 불꽃놀이처럼 아름다운 작품을 빚는 시인이다. 특히 「불꽃놀이 5」에서처럼

〈인생이라는/ 저 짧은 불꽃놀이〉 속에서 '생로병사'를 찾아내어 철학적 경지까지 끌어올린다. 또한 「불꽃놀이 11」에서처럼 삶을 '시(詩)' 창작과 견주면서 '황홀한 군무'를 작품에 남기려는 강렬한 의지를 보인다. 〈시를 써요// 자음과 모음이/ 함박눈처럼 쏟아져/ 미처 다 읽지 못하는 시〉가 되더라도 창작의 고삐를 늦추지 않을 것이다.

이와 함께 충북에 대한 그의 사랑 또한 멈추지 않으리라 믿게 된다. 시인으로서 높은 수준의 작품을 빚을 것이고, 문화예술 발전을 위한 행보(行步) 역시 아름다운 모습일 것이다. 이런 믿음으로 그의 둘째 시집 작품 감상을 맺는다.

행복 모자이크

김기원 시집

발 행 일 | 2013년 10월 10일
지 은 이 | 김기원
발 행 인 | 李憲錫
발 행 처 | 오늘의문학사
출판등록 | 제55호(1993년 6월 23일)
주　 소 | 대전광역시 동구 삼성1동 125-6 한밭오피스텔 401호
전화번호 | (042)624-2980
팩시밀리 | (042)628-2983
홈페이지 | http://www.lito77.co.kr(홈페이지)
전자우편 | hs2980@hanmail.net

공 급 처 | 한국출판협동조합
주문전화 | (070)7119-1741~2
팩시밀리 | (031)944-8234~6

ISBN 978-89-5669-568-6 (03810)
값 10,000원